VERDI: SIMÓN BOCCANEGRA

Opera en Un Prólogo y Tres Actos

Traducción al Español y Comentarios
por E. Enrique Prado

Libreto por
Francesco Maria Piave
y Arrigo Boito

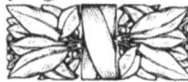

Jugum Press

ISBN-13: 978-1-939423-78-8
ISBN-10: 1-939423-78-3

Cubierta de libro:
Titian–Retrato de los dux Francesco Venier, 1554–1556
Estudio de Composer Giuseppe Verdi de Wikimedia Commons – en.wikipedia.org
(en el dominio público en los Estados Unidos y otros países)

Impreso en los Estados Unidos de América
Publicado por Jugum Press
www.jugumpress.com

Edición y diseño:
Annie Pearson, Jugum Press
Consultas y correspondencia:
jugumpress@outlook.com

Índice

Prefacio ℬ Simón Boccanegra

Simon Boccanegra consta de un prólogo y tres actos, el libreto fué escrito por Francesco Maria Piave quien se basó en una obra teatral de Antonio Garcia Gutierrez de nacionalidad española, quien también fué el autor de la obra teatral que sirvió de tema para *Il Trovatore*.

Simon Boccanegra se estrenó en el Teatro La Fenice de Venecia el 12 de Marzo de 1857. La premiere fué un fracaso, tanto que Verdi escribió a su amiga Clara Maffei: "He sufrido un gran fiasco en Venecia, casi tan grande como el de *La Traviata* y pensé que había hecho algo pasable pero parece ser que me equivoqué."

Las funciones en 1859 en La Scala y en Florencia tampoco fueron bien recibidas por la audiencia. En la Scala fué un desastre y en Florencia causó risas. Pronto el estreno de *Un Baile de Máscaras* eclipsó a *Simon Boccanegra* la cual desapareció de las carteleras.

Años mas tarde, Giulio Ricordi el editor de Verdi, le sugirió que la obra fuera—revisada y propuso a Arrigo Boito para que lo hiciera. La revisión fué hecha entre Boito y el propio Verdi y fueron tantas las modificaciones que se hicieron que la resultante fué una obra muy poco parecida a la original. El segundo estreno fué en 1881 en La Scala y tuvo un éxito moderado.

El real Simon Boccanegra fué Dogo de Génova de 1339 a 1344 y su gobierno fué ejemplar, no era un pirata como en el libreto aunque en su familia si hubo uno: su hermano Egidio. Boccanegra renunció al cargo en 1344 como consecuencia de una fuerte oposición y de una gran hostilidad por parte de la nobleza feudal y de los ricos mercaderes. En 1356, fué llamado para ocupar de nuevo el puesto lo cual hizo y se encontró de nuevo con los mismos obstáculos que antes. Sufrió varios atentados contra su vida y finalmente en 1363 murió envenenado. Su sucesor fué Gabriele Adorno, un debil e inseguro gobernante que se retiró en 1370.

Traducción y comentarios por:
E. Enrique Prado Alcalá
Tepoztlan, Octubre 2000

Sinopsis ဆ Simón Boccanegra

La escena se desarrolla en Génova en 1339 cuando
Simon Boccanegra es elegido Dogo de la ciudad.

Prólogo

Una plaza en Génova entre el palacio Fieschi y la iglesia de San Lorenzo.

Paolo Albiani, líder del Partido Plebeyo, está discutiendo con Pietro, la nominación de candidatos para la próxima elección de Dogo de la Ciudad. Paolo ha escogido a Simón Boccanegra y cuando éste llega, lo anima a aceptar la nominación diciéndole que cuando sea Dogo, ya no le será posible a Jacopo Fiesco negarse a concederle la mano de su hija Maria. Boccanegra y Maria, han tenido una hija fuera de matrimonio y esto motivó la reclusión de ella en el Palacio Fieschi.

Se observa que una vela solitaria arde en el castillo de Fiesco, Maria acaba de morir, Jacopo sale y enfrenta a Boccanegra y sin decirle que Maria ha muerto le ofrece la paz a cambio de tener a su nieta, Simón se niega pero además le informa que la niña ha desaparecido. Después Boccanegra entra al palacio que se encuentra abierto y descubre el cuerpo de Maria.

El nuevo dia se inicia y se anuncia que Boccanegra es el nuevo Dogo de la Ciudad.

Acto Primero

Escena I.

Veinticinco años más tarde. En el jardín del Palacio Grimaldi.

Amelia Grimaldi está esperando a su amado, Gabriele Adorno, que conspira junto con otros nobles en contra de Boccanegra el Dogo.

Durante la conversación, Amelia le informa a Gabriele que el Dogo vendrá a pedir su mano para desposarla con uno de sus cortesanos favoritos, Paolo Albiani, y le ruega a su amado que se apresure a realizar su propia boda.

El padre, Andrea Grimaldi llega y Gabriele le pide la mano de su hija a lo cual aquel accede, pero le confiesa, que Amelia no es su hija aun cuando asi lo creen todos. Amelia es una huérfana desconocida que desde su niñez tomó el lugar de Maria la hija de Andrea que murió tiempo atrás. Esto se hizo porque si Andrea no hubiera tenido herederos, el nuevo Dogo hubiera confiscado todos los bienes del exiliado Grimaldi.

Gabriele contesta que no le importa cual sea el origen de Amelia y que la ama. Andrea se dispone al arreglo inmediato de la boda; llega Boccanegra que dice que quiere que Amelia se case con Paolo, pero ella confiando en el buen corazón del Dogo, le informa que ya se encuentra comprometida y agrega que además ella no es Amelia Grimaldi, hija de Andrea, sino una huérfana que fue recogida en Pisa.

Le muestra un retrato de Maria Fiesco, su madre a quien el Dogo reconoce de inmediato y entonces ambos se reconocen como padre e hija y se abrazan amorosamente. Boccanegra le niega a Paolo la mano de su hija y éste jura venganza y planea con Pietro el rapto de Amelia

Escena II.
En el vestíbulo del Gran Concejo en el Palacio Ducal.

El Senado está en sesión. El Dogo sentado en su trono, de un lado está los doce consejeros patricios y del otro los doce consejeros plebeyos.

Boccanegra anuncia que el rey de los Tártaros ofrece regalos y promesas de paz. El Senado grita pidiendo la guerra pero el Dogo continua: "Entre las dos costas italianas, Caín alza su garrote teñido en sangre. Venecia y Génova tienen un origen común." El discurso del Dogo es interrumpido por ruido de una lucha en las calles. Paolo observa desde la ventana y reporta que hay disturbios cerca del Palacio Fieschi y ve a los alborotadores acompañados por Adorno dirigiéndose hacia el palacio. Se da cuenta de que el complot para raptar a Amelia ha fallado Pietro lo urge para que huya antes de que se descubra su participación en el complot.

El Dogo ordena cerrar las puertas y prohíbe la salida de todos y quien intente salir será acusado de traición. Se escuchan gritos de entre los patricios pidiendo la muerte del Dogo, entonces Boccanegra ordena al Heraldo que abra las puertas del palacio y anuncia a la multitud que no teme a sus amenazas. La plebe entonces se calla, luego la multitud irrumpe en la Cámara del Consejo con Gabriele Fiesco demandando venganza.

El Dogo pregunta a Gabriele porque empuña la espada y éste le contesta "He matado a Lorenzino que raptó a Amelia Grimaldi" Luego dice a la asamblea que Lorenzino antes de morir que el instigador del rapto fue "un hombre de poder" pero no reveló su nombre. Luego Gabriele voltea hacia el Dogo y lo acusa de ser responsable y levanta su espada para herirlo pero Amelia se interpone entre los dos rogándole a su padre que perdone a Gabriele.

Boccanegra impone el orden y convence a las dos facciones de volver de volver a la paz y a la unidad. Ahora Gabriele se convence de que el Dogo no es el responsable del rapto de Amelia y le ofrece su espada. El Dogo le dice que permanecerá en custodia bajo palabra hasta que se descubra a los responsables. Gabriele acepta.

Paolo si ser descubierto aun, sale aterrorizado del Consejo.

Acto Segundo

Una habitación en el Palacio Ducal de Génova

Paolo ordena que sean traídos ante él a Gabriele y a Andrea antes de huir de Génova quiere vengarse de Boccanegra, el hombre que sin su ayuda no hubiera obtenido el trono. El vierte veneno en la copa del Dogo. Andrea se indigna ante la cobardía.

Gabriele es convencido por las insinuaciones de Paolo relativas a una íntima e insana relación entre Amelia y el Dogo. Entra Amelia y Gabriele la acusa de infidelidad y ella se defiende diciendo que el amor que el Dogo siente por ella es puro; en eso llega el Dogo y Amelia oculta a Gabriele en el balcón. Amelia revela a su padre el nombre de su amado y le ruega que la perdone. Boccanegra despide a Amelia para reflexionar, bebe el veneno de la copa y luego se queda dormido. Gabriele entra y está a punto de apuñalar al Dogo cuando entra Amelia y salva la vida de su padre. En ese momento Gabriele se da cuenta de que Amelia es hija de aquel.

El motín en contra del Dogo es iniciado por los patricios en la ciudad, Gabriele se pone del lado del Dogo y se ofrece a actuar como negociador.

Acto Tercero

Después de controlada la revuelta, Paolo es sentenciado a muerte. Paolo le confiesa a Fiesco que él ha envenenado al Dogo, mientras tanto desde la capilla del palacio se escucha la música de la boda de Amelia y Gabriele.

Fiesco se acerca a Boccanegra para decirle que su tiempo se ha terminado porque ha sido envenenado, el Dogo le revela la real identidad de Amelia y esto los reconcilia.

Cuando Amelia y Gabriele se aproximan, Boccanegra le señala a la muchacha a su abuelo, luego nombra a Gabriele su sucesor y enseguida muere.

FIN

Reparto ∞ Simón Boccanegra

SIMON BOCCANEGRA — Dogo de Génova, Baritono
JACOPO FIESCO — noble, Bajo
PAOLO ALBIANI — cortesano, Baritono
PIETRO — cuidadano, Bajo
AMELIA GRIMALDI — hija de Boccanegra, Soprano
GABRIELE ADORNO — gentilhombre, Tenor
MARIANAI — sirviente de Fiesco, Mezzosoprano

Libreto ౮ Simón Boccanegra

Prólogo

Una plaza en Génova.
A la derecha el Palacio de Fieschi con un gran balcón,
en el muro que flanquea al balcón hay una imagen frente a la cual arde una linterna.
A la izquierda se encuentra la Iglesia de San Lorenzo.
Paolo y Pietro discuten sobre quien va a ser la persona que propondrán para ser el, próximo Dogo de Génova.

PAOLO
Che dicesti?... All'onor di primo abate
Lorenzin, l'usurier?

1. ¿Que dijiste?... ¡El honor de primer abate
para Lorenzini el usurero?

PIETRO
Altro proponi di, lui più degno!

2. ¡Propón a otro mas digno que él!

PAOLO
Il prode che d'a nostrí Mari cacciava
l'afrícan pirata, e al ligure vesillo res
l'antica nominanza altera.

3. Al valiente que en nuestros mares cazaba
a los piratas africanos, y los rendía ante
nuestra dominante y orgullosa bandera.

PIETRO
Intesi... e il premio?

4. ¿De acuerdo... y el premio?

PAOLO
Oro, possanza, onore.

5. Oro, posesiones, honor.

PIETRO
Vendo a tal prezzo il popolar favore.

6. A tal precio, vendo el favor popular.

Se dan la mano, Pietro parte.

PAOLO
Aborriti patrizi,
Alle cime oye alberga il vostro orgoglio,
disprezzato plebeo, salire io vogli.

7.
Patricios aborrecidos,
A la cima en donde albergan su orgullo,
yo despreciado plebeyo, quiero subir.

Boccanegra llega presuroso.

BOCCANEGRA
Un amplesso... Che avvene?
Da Savona perchè qui m'appellasti?

8.
Un abrazo... ¿Qué ocurre?
¿De Savona vengo, para qué me llamaste?

PAOLO
All'alba eletto esser vuoi nuovo abate?

9.
¿Quieres ser elegido al alba nuevo abate?

BOCCANEGRA
Io? No.

10.
¿Yo? No.

PAOLO
Te tenta Ducal corona?

11.
¿Te tienta la corona Ducal?

BOCCANEGRA
Vaneggi?

12.
¿Deliras?

PAOLO
E Maria?

13.
¿Y Maria?

BOCCANEGRA
O vittima innocente del funesto amor mio
... dimmi di lei, che sai? Le favellasti?

14.
¿Oh víctima inocente de mi funesto amor,
... cuéntame de ella, qué sabes? ¿Le hablaste?

PAOLO
Prigionera, geme in quella magion.

15.
(Señalando al palacio Fieschi)
Prisionera, llora en esa mansión.

BOCCANEGRA
Maria!

16.
¡Maria!

PAOLO
Negarla al Doge chi potria?

17.
¿Quien podría negársela al Dogo?

BOCCANEGRA
Mísera!

18.
¡Pobre!

PAOLO
Assenti!

19.
¡Ausente!

BOCCANEGRA
Paolo...

20. Paolo...

PAOLO
Tutto disposi e sol ti chiedo
parte ai periglio e alla possanza.

21. Todo está dispuesto y solo te pido
partir hacia el peligro y hacia el poder.

BOCCANEGRA
Sia...

22. Asi sea...

PAOLO
In vita e in morte?

23. ¿En la vida y en la muerte?

BOCCANEGRA
Sia.

24. Así sea.

PAOLO
S'appressa alcun... T'ascondi
per poco ancor, mistero ti circondi.

25. Alguien se acerca... escóndete
todavía te envuelve el misterio.

Boccanegra se aleja.
Paolo se acerca al palacio de Fieschí.
En donde se encuentra con Pietro, algunos marineros y artesanos.

PAOLO
All'alba tutti qui verrete?

26. ¿Vendrán todos aqui al alba?

CORO
Tutti.

27. Todos.

PIETRO
Niun pei patrizi?

28. ¿Y nadie con los patricios?

CORO
Niuno. A Lorenzino tutti il voto darem.

29. Todos daremos el voto a Lorenzino.

PIETRO
Venduto è a Fieschi.

30. Está vendido a Fieschi.

CORO
Dunque chi fia l'eletto?

31. ¿Entonces quien será electo?

PIETRO
Un prode.

32. Un valiente.

CORO
Si.

33. Si.

PIETRO
Un popolan.

34. Alguien popular.

CORO
Ben dici... ma fra i nostrí sal l'uom?

35. ¿Bien, dilo... está entre nosotros el hombre?

PIETRO
Si.

36. Si.

CORO
E chi?... Risuoni il nome suo!

37. ¿Quien es?... ¡Dinos su nombre!

Adelantándose

PAOLO
Simon Boccanegra.

38. Simón Boccanegra.

CORO
Il Corsar?

39. El corsario?

PAOLO
Si... il corsaro all'alto scranno...

40. Si...el corsario al alto escaño...

CORO
E qui?

41. ¿Y quien?

PAOLO
Verrá.

42. Vendrá.

CORO
E i Fieschi?

43. ¿Y los Fieschi?

PAOLO
Taceranno.

44. Callarán.

Les hace señas para que se acerquen, indicando el Palacio de Fieschi les dice:

L'atra magion vedete?... De'Fieschi è
l'empio ostello, una beltà infelice geme
sepolta in quello; sono i lamenti suoi
la sola voce umana che risuonar s'ascolta
nell'ampia tomba arcana.

¿Ven esa mansión?... Es el impio
alojamiento de Fieschi, una beldad
infeliz gime sepultada ahí, son sus
lamentos la única voz humana que
se escucha en la gran tumba secreta.

CORO

Già volgono più lune, che la gentil
sembianza non allegrò i veroni della romita
stanza. Passando ogni pietoso invan mirar
desia la bella prigionera, la misera Maria.

PAOLO

Si schiudon quelle porte solo al patrizio
altero che ad arte si ravvolge nell'ombre
del mistero.
Ma vedi in notte cupa per le deserte sale
errar sinistra vampa, qual d'anima infernale.

CORO

Par l'antro de'fantasimi!
O qual terror!

PAOLO

Guardate.

La fatal vampa appare.

CORO

O ciel!...

PAOLO

V'allontanate.
Si caccino i demoni col segno
della croce. All'alba.

CORO

Qui.

PIETRO

Simon.

CORO

Simon, ad una voce.

45.

Ya son varios meses en que el gentil
semblante no alegró el balcón de la estancia.
Todos los que pasan desean mirar
a la bella prisionera, a la pobre Maria.

46.

Esas puertas solo se abren al patricio
que se revuelve en la sombra
del misterio.
Pero que vé en la noche obscura por
las desiertas salas errar una llama siniestra,
cual alma infernal.

47.

¡Parece antro de fantasmas!
¡Que horror!

48.

Miren.
(Se ve el cintilar de una luz.)
La fatal llama aparece.

49.

¡Cielos!...

50.

Aléjense.
Alejemos a los demonios con el signo
de la cruz. Al alba.

51.

Aqui.

52.

Simón.

53.

Simón, a una voz.

Parten.
Fiesco sale del palacio.

FIESCO

A te l'estremo addio, palagio altero
Freddo sepolcro dell'angiolo mío!
Né proteggerti io valsi!... O maledetto!

54.

A ti el último adios, palacio altivo.
¡Frio sepulcro del ángel mio!
¡Ni protegerte pude! ¡Oh maldito!

Mirando a la virgen.

E tu vergin, soffristi
rapita a lei la verginal corona?
Ma che dissi!... Delirio!... A mi perdona!
Il lacerato spirito
del mesto genitore
era serbato a strazio
d'infamia e di dolore.
Il serto a lei de'martiri
pietoso il cielo die.
Resa al fulgor degli angeli
prega Maria, per me.

¿Y tu virgen soportaste
que se te quitara la virginal corona?
¡Pero qué dices?... ¡Delirio!... ¡Perdóname!
El lacerado espíritu
del melancólico padre
era reservado al desgarro
de la infamia y del dolor.
El cielo piadoso le dió a ella
la corona del martirio.
Devuleve el fulgor de los ángeles
ruega Maria, por mi.

Se oyen lamentos dentro del palacio.

MUJERES

E morta! E morta!... A lei s'apron le sfere
mai più... mai più non la vedremo in terra!

55.

¡Está muerta! ¡Muerta!... ¡Ante ella se abre la
esfera... nunca mas la veremos en la tierra!

HOMBRES

Miserere, miserere!

56.

¡Misericordia, misericordia!

Varias personas salen del palacio y cruzando lentamente la plaza se alejan.
Regresa Boccanegra.

BOCCANEGRA

Suona ogni labbro il mio nome, o Maria.
Forse in breve potrai dirmi tuo sposo!

57.

Todos dicen mi nombre, oh Maria.
¡Quizas en breve podras decirme esposo!

Llega Fiesco.

Alcun veggo!... Chi fia?

¡Veo a alguien!... ¿Quien sera?

FIESCO

Simon?

58.

¿Simón?

BOCCANEGRA

Tu?

59.

¿Tu?

FIESCO

Qual cieco fato a oltraggiarmi ti traea?
Sul tuo capo io qui chedea l'ira vindice
del ciel.

BOCCANEGRA

Padre mio, pietade imploro supplichevole
a'tuoi piedi, il perdono a me concedi...

FIESCO

Tardi è omai.

BOCCANEGRA

Non sii crudel, sublimarmi a lei sperai
sopra l'ali della gloria, strappai sertí alla
vittoria per l'altare dell'amor!

FIESCO

Io fea plauso al tuo valore
ma le offese non perdono
te vedessi asceso in trono.

BOCCANEGRA

Taci.

FIESCO

Segno all'odio mio e all'anatema di Dio
è di Fiesco l'offensor.

BOCCANEGRA

Pace.

FIESCO

No, pace non fora se pria l'un di non mora.

BOCCANEGRA

Vuoi col sangue mio placarti?

Qui ferisci...

FIESCO

Assassinarti?

60. ¿Como hado ciego vienes a ultrajarme?
Sobre tu cabeza yo quiero la ira venga
dora del cielo.

61. Padre mio, imploro piedad, suplico
a tus pies me concedas tu perdón...

62. Ya es tarde.

63. ¡No seas cruel, espero elevarme hasta
ella sobre las alas de la gloria arrancar
lauros a la victoria para el altar del amor!

64. Yo aplaudo a tu valor
pero no perdono la ofensa
te hubiera visto sobre el trono.

65. Calla.

66. Eres el ofensor de Fiesco, objeto de mi odio
y del anatema de Dios.

67. Paz.

68. No habrá paz si no mueres antes de un día.

69. ¿Quieres calmarte con mi sangre?
(Se descubre el pecho.)
Hiéreme aqui...

70. *(Retrayéndose con orgullo)*
¿Asesinarte?

BOCCANEGRA
Si, m'uccidi, e almen sepolta fia con me
tant'ira.

FIESCO
Ascolta: Se concedermi vorrai l'innocente
sventurata che nascea d'impuro amor,
io che ancor non la mirai, giuro renderla
beata e tu avrai perdono allor.

BOCCANEGRA
Non poss'io!

FIESCO
Perchè?

BOCCANEGRA
Rubella.
Sorte lei rapi.

FIESCO
Favella.

BOCCANEGRA
Del mar sul lido tra gente ostile
crescea nell'ombra quelle gentile,
crescea lontana dagli occhi miei,
vegliava annosa donna su lei.
Di là una notte vacando, solo dalla mia
nave scesi aquel suolo. Corsi alla casa...
n'era porta, serrata, muta!

FIESCO
La donna?

BOCCANEGRA
Morta.

FIESCO
E la tua figlia?

71. Si, mátame y al menos sepulta conmigo
tanta ira.

72. Escucha: Si quieres entregarme a la inocente
desventurada que nació de un amor impuro,
yo que aun no la miro juro hacerla dichosa
y tu tendras entonces el perdón.

73. ¡No puedo!

74. ¿Por qué?

75. Se la robaron.
La raptaron.

76. Habla.

77. En la orilla del mar entre gente hostil
crecia en las sombras esa gentil,
crecia lejos de mis ojos,
la cuidaba una vieja mujer.
Allá una noche desmbarqué de mi
nave en ese lugar. Corrí a la casa...
la puerta, cerrada, silenciosa!

78. ¿Y la mujer?

79. Muerta.

80. ¿Y tu hija?

BOCCANEGRA

Misera, trista,
tre giorni pianse, tre giorni errò
scomparve poscía, ne fu. Più vista
d'allora indarno cercata io l'ho.

81.

Pobre, triste,
lloró tres dias, erró por tres dias
y desapareció, no la vieron más.
Desde entonces la he buscado.

FIESCO

Se il mio desire compir non puoi
pace non puote esser tra noi!
Addio Simon!

82.

¡Si no puedes cumplir mi deseo
la paz no puede ser entre nosotros!
Adios Simón!

Le vuelve la espalda.

BOCCANEGRA

Coll'amor mio saprò placarti.

83.

Con mi amor sabré calmarte.

FIESCO

No.

84.

No.

BOCCANEGRA

M'odi.

85.

Escúchame.

FIESCO

Addio.

86.

Adios.

Se aleja, luego se detiene y observa.

BOCCANEGRA

Oh de'Fieschi ímplacata orrida razza!
E tra cotesti rettili nascea quella pura betla?
Vederla io voglio... Coraggio!

87.

¡Oh, Fieschi, horrible raza implacable!
¿Y entre esos reptiles nació aquella pura
belleza? ¡Quiero verla... Ten valor!

Va hasta la puerla del palacio y llama tres veces.

Muta è la magion de'Fieschi?
Dischiuse son le porte!
Quale mistero!... Entriam.

¿Está muda la mansión de los Fieschi?
¡Están abiertas las puertas!
¡Cuánto misterio!... Entremos.

FIESCO

T'inoltra e stringi gelida salma.

88.

(Entra en el palacio.)
Entra y aprieta a un fria cadaver.

BOCCANEGRA

Nessuno!... Qui sempre silenzio e tenebra!

89.

¡Nadie!... ¡Aqui solo silencio y tinieblas!

Arranca una linterna de una imagen entra, y se encuentra con el cadaver de María.

Maria! Maria!

¡Maria! ¡Maria!

90.

FIESCO
L'ora sueno del tuo castigo.

91. Llegó la hora de tu castigo.

BOCCANEGRA
E sogno!...
Si, spaventoso, atroce sogno mio!

92. (Sale aterrorizado del palacio.)
¡Es un sueño!...
¡Si, espantoso, y atroz sueño mio!

VOCES
Boccanegra!...

93. (Desde lejos.)
¡Boccanegra!...

BOCCANEGRA
Quai voci!

94. ¡Esas voces!

VOCES
Boccanegra!

95. ¡Boccanegra!

BOCCANEGRA
Eco d'inferno è questo!

96. ¡Esto es un eco del infierno!

PAOLO, PIETRO, MARINEROS, GENTE DEL PUEBLO
Doge, il popolo t'acclama!

97. ¡Dogo, el pueblo te aclama!

BOCCANEGRA
Via fantasmi!

98. ¡Váyamse fantasmas!

PAOLO y PIETRO
Che di tu?

99. ¿Qué dices tú?

BOCCANEGRA
Paoto!... Ah! Una tomba...

100. ¡Paoto!... ¡Ah! Una tumba...

PAOLO
Un trono!

101. ¡Un trono!

FIESCO
(Doge Simon...
M'arde l'inferno in petto!)

102. (¡Dogo, Simón...
Me arde el infierno en el pecho!)

CORO
Viva Simon, del popolo l'eletto!

103. ¡Viva Simón, el elegido del pueblo!

Se levantan las antorchas, suenan las campanas y los tambores la gente grita; Viva Simón!

Han transcurrido veinticinco años, Boccanegra continua gobernando en Génova.
Fiesco ha cambiado su nombre por el de Andrea.

Acto Primero

En el jardin del Palacio Grimaldi en las afueras de Génova.
A la izquierda el palacio frente al mar. Despunta la aurora.

Amelia Grimaldi observa el horizonte.

AMELIA

Come in quest'ora bruna
sorridon gli astri e il mare!
Come s'unisce, o luna
all'onda il tuo chiaror!
Amante amplesso pare
di due verginei cor!
Ma gli astri e la marina
che pingono alía mente
dell'orfana meschina?
La notte atra crudel
quando la pía morente
sclamò: ti guardi il ciel.
O altero ostel, soggiorno
di stirpe ancor più altera
il tetto disadorno
non obliai per te!
Solo in tua pompa austera
amor sorride a me.
Amanece.
S'inalba il ciel, ma l'amoroso canto
non s'ode ancora!
Ei mi terge ogni di, come l'aurora
la rugiada dei fior, del ciglio, il pianto.

UNA VOZ

Cielo di stelle orbato
di fior vedovo prato, è l'alma senza amor.

104.

¡Como en ésta hora obscura
sonríen los astros y el mar!
¡Como se une oh luna
a las olas tu claridad!
Parece el amante abrazo
de dos corazones virginales!
¿Porqué los astros y la marina
golpean en la mente
de la pobre huérfana?
La noche cruel
cuando la pía moribunda
exclamó: que el cielo te mire.
¡Oh altanero castillo, habitáculo
de estirpe aun más altanera,
el refugio desnudo
no se olvida por ti!
Solo en tu austera pompa
el amor me sonrie.
Amanece.
¡Pero, el amoroso canto
no se oye más!
El me envuelve todos los días, como
el rocio de la flor y de los ojos el llanto.

105.

(Lejana)
Cielo privado de estrellas
prado de ausentes flores y el alma sin amor.

AMELIA
Ciel!... La sua voce!... E desso!
Ei s'avvicina!... Oh gioia!
Tutto m'arride l'universo adesso!

UNA VOZ
Se manca il cor che t'ama
non empiono tua brama
gemme, possanza, onor.

AMELIA
Ei vien... l'amor m'avvampa in seno
e spezza il freno l'ansante cor!

GABRIELE
Anima mia!

AMELIA
Perchè si tardi giungi?

GABRIELE
Perdona o cara... i lunghi indugi miei
T'apprestano grandezza.

AMELIA
Pavento...

GABRIELE
Che?

AMELIA
L'arcano tuo conobbi
a me il sepolcro appresti
il patibolo a te!

GABRIELE
Che pensi?

AMELIA
io amo Andrea qual padre, il sai
pur m'atterrisce in cupa notte
non vi mirai sotte le tetre volte errar
pensosi, irequieti.

106. ¡Cielos!... ¡Su voz!... ¡Es él!
¡El se acerca!... ¡Qué alegria!
Todo me sonrie, también el universo!

107. (Mas cercana)
Te extraña el corazón que te ama
no llenan tu afán
ni gemas, ni posesiones, ni honor.

108. ¡El... viene el amor me incendia el seno
y deshace el freno de mi anhelante corazón!

109. ¡Alma mia!

110. ¿Por qué tardaste en llegar?

111. Perdóna querida... mi larga demora
Te traigo grandeza.

112. Tengo miedo.

113. ¿Qué?

114. ¡Tu conoces el secreto
prepara el sepolcro para mi
y el patíbulo para ti!

115. ¿Qué piensas?

116. Yo amo a Andrea como a un padre
ello sabe, pero me aterroriza... en una
obscura noche los vi en las tinieblas
pensativos e inquietos.

24

GABRIELE
Chi?

AMELIA
Tu e Andrea, e Lorenzino e gli altri.

GABRIELE
Ah taci...
il vente ai tiranni potria recar tal voci!...
Partan le mura... un delator s'asconde
ad ogni passo.

AMELIA
Tu tremi?

GABRIELE
I funesti. Fantasmi scaccia!

AMELIA
Fantasmi dicesti? Vieni a mirar
la ceru a marina tremolante.
La Génova torregia sul talamo spumante,
lá tuoi nemici imperano,
vincerli indarno speri...
Ripara i tuoí pensieri al porto
dell'amor.

GABRIELE
Angiol che dall'empireo piegasti a terra l'ale,
e come faro sfolgori sul tramite mortale
non ricercar dell'odio i funebri misteri;
ripara i tuoi pensieri al porto dell'amor.

AMELIA
Ah!

GABRIELE
Che mai fía?

AMELIA
Vedi quell'uom?...
Qual ombra ogni di appar.

117. ¿A quien?

118. A ti y a Andrea, a Lorenzino y a los otros.

119. ¡Ah calla... el viento podría llevar a
los tiranos tales dichos!...
Los muros hablan... un delator se esconde
a cada paso.

120. ¿Tiemblas?

121. Los funestos. ¡Ahuyenta a los fantasmas!

122. ¿Dijiste fantasmas? Ven a mirar
la azul marina temblorosa.
Allá las torres de Génova sobre el tálamo
espumante, allá tus enemigos
imperan, vencerte esperan...
defiende tus pensamientos en el puerto
del amor.

123. Angel que desde lo alto plegaste a la tierra las
alas, como fulgor de faro y sobre los mortales
no buscaste los fúnebres misterios del odio;
defiende tus pensamientos en el puerto
del amor.

124. ¡Ah!

125. ¿Qué más dé?

126. ¿Ves a aquel hombre?...
Como sombra aparece.

GABRIELE
Forse un rival?

127. ¿Es quizas un rival?

UGIER
Del Doge un messaggier di te chiede.

128. Un mensajero del Dogo por ti pregunta.

AMELIA
S'appressi.

129. Se acerca.

GABRIELE
Chi sia veder vogl'io.

130. Quien sea quiero verlo.

Hace por irse.

AMELIA
T'arresta.

131. Detente.

PIETRO
Il Doge dalle caccie tornando di
Savona questa magion visitar brama.

132. *(Inclinándose ante Amelia.)*
El Dogo que regresa de la cacería en
Savona quiere visitar ésta mansión.

AMELIA
Il puote.

133. Pueda hacerlo.

Pietro parte.

GABRIELE
Il Doge qui?

134. ¿El Dogo aqui?

AMELIA
Mia destra a chieder viene.

135. Viene a pedir mi mano.

GABRIELE
Per chi?

136. ¿Para quien?

AMELIA
Pel favorito suo—D'Andrea vola in cerca...
t'affretta... va... prepara il rito nuzial...
mi guida all'ara.
Si, si dell'ara il giubilo contrasti il fato avverso
e tutto l'universo io sfiderò con te.
Innamorato anelito è del destin più forte
amanti oltre la morte sempre vivrai con me.

137. Para su favorito—vuela en busca de Andrea...
apresúrate y prepara el rito nupcial...
llévame al altar.
Si, si el júbilo del altar obstaculiza el destino
y a todo el universo desafiaré contigo.
El enamorado anhelo es más fuerte que el
destino, y yo te amaré mas allá de la muerte.

Amelia entra en el palacio.
Gabriele se encuentra a Andrea.

GABRIELE
(Propizio giunge Andrea)

ANDREA
Si mattutino qui?

GABRIELE
A dirtí.

ANDREA
Che ami Amelia.

GABRIELE
Tu che lei vegli con paterna cura a nostre nozze assenti?

ANDREA
Alto mistero sulla vergine incombe.

GABRIELE
E qual?

ANDREA
Se parto forse tu più non l'amerai.

GABRIELE
Non teme ombra d'arcani l'amor mío. T'ascolto.

ANDREA
Amelia tua d'umile stírpe naque.

GABRIELE
La figlia dei Grimaldi!

ANDREA
No, la figlia dei Grímaldi mori
tra consacrate Vergini in Pisa.
Un'orfana raccolta nel chiostro il di
che fu d'Amelia estremo eredítò sua cella.

GABRIELE
Ma come de' Grimaldi anco, il nome prendea?

---

138. (Andrea llega en buen momento)

139. ¿A que viniste tan de mañana?

140. A decirte.

141. Que amas a Amelia.

142. ¿Tú que la cuidas con amor paternal aceptas nuestra boda?

143. Un gran misterio incumbe a la virgen.

144. ¿Cual?

145. Si hablo quizas tu ya no la amaras.

146. No temas que los secretos acaben con mi amor. Te escucho.

147. Amelia es nacida de humilde estirpe.

148. ¡Es hija de Grimaldi!

149. No la hija de Grimaldi murió despues de consagrarse a la Virgen en Pisa. Una huérfana recogida por el claustro el dia en que Amelia murió ocupó su lugar.

150. ¿Y como tomó el nombre de Grimaldi?

ANDREA
De'fuoruscíti perseguia le ricchezze il nuovo Doge, e la mentita Amelia alla rapace man sottrarle potea.

GABRIELE
L'orfana adoro!

ANDREA
Di tei s'e degno.

GABRIELE
A me fia dunque unita?

ANDREA
In terra e in ciel!

GABRIELE
Ah! Tu mi dai la vita.

ANDREA
Vieni a me, ti benedico nella pace di quest'ora, lieto viví e fido adora l'angiol tuo, la patria, il ciel!

GABRIELE
Eco pio del tempo antico, la tua voce e un casto incanto, serberà ricordo santo de tuoí detti íl cor fedel.

Sonido de trompetas.

Ecco il Doge. Partiam. Che non ti scorga.

ANDREA
Ah! Presto il dim della vendetta sorga!

Parten.
Llegan al palacio Grimaldi el Dogo Boccanegra seguido por Paolo.
Amelia los espera.

BOCCANEGRA
Paolo.

PAOLO
Signor.

---

151. El nuevo Dogo perseguía las riquezas de los desterrados, y la falsa Amelia podía sustraérselas a la mano rapaz.

152. ¡Adoro a la huérfana!

153. Sé digno de ella.

154. ¿Entonces se unirá a mí?

155. ¡En la tierra y en el cielo!

156. Ah, tú me das la vida.

157. ¡Ven a mi, te bendigo en la paz de ésta hora, viví alegre y confio en que adoras a tu ángel, a la patria, y al cielo!

158. Tu voz es un casto encanto, eco pio del pasado tiempo, que reservará en el corazón fiel un santo recuerdo de tus palabras.

Ahi está el Dogo. Partamos. Que no te vea.

159. ¡Pronto surgirá el dia de la venganza!

160. Paolo.

161. Señor.

BOCCANEGRA
Ci spronano gli eventi di qua partir convíen.

162.

Apresuremos el evento para partir pronto.

PAOLO
Quando?... Allo squillo dell'ora.

163.

¿Cuando?... Cuando suene la hora.

A una señal del Dogo, el cortejo se encamina hacia la derecha,
Paolo en el acto de partir mira a Amelia y murmura:

(Oh qual beltà)

(Qué belleza)

BOCCANEGRA
Favella il Doge ad Amelia Grimaldí?

164.

(a Amelia)
¿Habla el Dogo a Amelia Grimaldí?

AMELIA
Cosí nomata sono.

165.

Así me llamo.

BOCCANEGRA
E gli esuli fratelli tuoi non punge
desio di patria?

166.

¿Y tus hermanos exhilíados no desean
volver a la patria?

AMELIA
Possente... ma...

167.

Si, mucho... pero...

BOCCANEGRA
Intendo...
A me inchinarsi sdegnano i Grimaldi
... Cosi risponde a tanto orgoglio il Doge.

168.

Entiendo...
Los Grimaldi desdeñan inclinarse ante mi
... Así responde el Dogo ante tanto orgullo.

Le entrega un documento.

AMELIA
Che veggo!... Il lor perdono?

169.

(Leyendo)
¡Que veo!... ¿Su perdón?

BOCCANEGRA
E denno a te dalla clemenza il dono.
Dinne, perchè in quest'eremo
tanta beltà chiudesti?
Del mondo mai le fulgide lusinghe piangesti?
Il tuo rossor mel dice.

170.

Te concedo el regalo de la clemencia.
¿Dime, porqué encerraste en éste
lugar tanta belleza?
¿No sentiste el fulgor de la luz del mundo?
Tu rubor me dice.

AMELIA
T'inganni, io son felice.

171.

Te engañas, yo soy feliz.

BOCCANEGRA
Agli anni tuoi l'amore.

172.

A tus años el amor.

AMELIA
Ah mi leggesti in core!
Amo un spirto angelico che
ardente mi riama.
Ma di me acceso, un pertido l'orror
dei Grimaldi brama.

BOCCANEGRA
Paolo!

AMELIA
Quel vil nomasti!
E poíchéè tanta píetà ti muove dei
destini miei, vo' svelarti il segreto
che mi ammanta...
Non sono una Grimaldi!

BOCCANEGRA
Oh! Ciel! Chi sei?

AMELIA
Orfanella il tetto umile.
M'accogliea d'una meschina
dove presso alla marina sorge Pisa.

BOCCANEGRA
In Pisa tu?

AMELIA
Grave d'anni quella pia era solo a me
sostegno; io provai del ciel lo sdegno
colla tremola sua mano involata
    ella mi fu.
Pinta effigie mi porgea le sembianze
esser dicea della madre ignota a me.
Mi baciò mi bennedisse, levò al ciel,
pregando i rai...
Quante volte la chiamai
l'eco sol risposta diè.

173. ¡Ah, me leiste el corazón!
Amo a un espíritu angelical que
ardiente me ama.
Pero un pérfido, me quiere para tener
acceso a los Grimaldi.

174. Paolo!

175. ¡Has nombrado a ese vil!
Y porque tanta piedad te mueve por
mi destino, quiero revelarte el secreto
que me envuelve...
¡No soy una Grimaldi!

176. ¡Oh! ¡Cielos! ¿Quien eres?

177. Una humilde huérfana.
Me recogió una pobre mujer en donde
cerca del mar está Pisa.

178. ¿Tu en Pisa?

179. Grave por sus años, aquella pía era todo
mi sostén; y probé el desden del cielo
cuando él con su temblorosa mano,
    se la llevó.
Su imagen me parecía y parecía ser la de
mí madre que nunca conocí.
Me besó, me bendijo, elevó al cielo
rogando y los rayos...
Cuántas veces la llamé,
solo el eco me respondió.

BOCCANEGRA
(Se la speme, o ciel clemente,
fosse sogno!...
Estínto io sia ch'or sorride all'alma mia,
della larva al disparir!)

AMELIA
Come tetro a me dolente
s'appressava l'avvenir!

BOCCANEGRA
Dinne... alcun la non vedesti?

AMELIA
Uom di mar noi visitava.

BOCCANEGRA
E Gíovanna si nomava leí che i fati a te
rapir?

AMELIA
Si.

BOCCANEGRA
E l'effigie non somiglia questa?

Extrae del pecho un retrato, lo dá a Amelia para que lo vea.

AMELIA
Uguali son!

BOCCANEGRA
Maria!

PAMELIA
Il mío nome!

BOCCANEGRA
Sei mia figlia!

AMELIA
Io?

BOCCANEGRA
M'abbraccía. O figlia mia.

180. *(Para si)*
(¡Si la esperanza, o clemente cielo
fuera un sueño!...
¡Que yo muera ahora que sonríe a mi alma
un espectro que desaparece!)

181. ¡Cuan tetrico y doloroso
se acercaba el porvenir!

182. ¿Dime... veías a alguien allá?

183. Un hombre de mar nos visitaba.

184. ¿Y se llamaba Giovanna ella la que el destino
te quitó?

185. Si.

186. ¿Y ella no se parece a ésta?

187. ¡Son iguales!

188. ¡Maria!

189. ¡Mi nombre!

190. ¡Eres mi hija!

191. ¿Yo?

192. Abrázame. Oh hija mia.

31

AMELIA
Padre, il cor ti chiama!
Stringi al sen Maria che t'ama.

BOCCANEGRA
Figlia!... a tal nome palpito qual
se m'apprise i cieli...
Un mondo d'ineffabili letizie
    a me rivelí;
qui un paradiso il tenero padre ti schiuderà.
Di mia corona ti raggio la gloria tua sarà.

AMELIA
Padre, vedrai la vigile figlia
a te sempre accanto
nell'ora malinconica,
aschiuqerò il tuo pianto.
Avrem gioie romite note soltanto al ciel.
Io la colomba mite sarò del regio ostel.

*Amelía acompañada de su padre l'entra en el palacio el Dogo
la contemplaestático mientras ella se aleja.*

PAOLO
Che rispose?

BOCCANEGRA
Rinunzia ogni speranza.

PAOLO
Doge, no! Posso!

BOCCANEGRA
Il voglio.

PAOLO
Il vuoi!
... Scordasti che mi devi il soglio?

PIETRO
Che disse?

PAOLO
A me negolla.

193. ¡Padre, mi corazón te llama!
Aprieta a tu seno a Maria que te ama.

194. ¡Hija!... palpito ante ese nombre,
como si se me abrieran los cielos...
Un mundo de inefables alegrías
    se me revela;
aqui un paraiso tu tierno padre te abrirá.
Los rayos de mi corona serán tu gloria.

195. Padre, verás a tu hija
siempre a tu lado
y en la hora melancólica,
enjugará tu llanto.
Tendremos alegria que solo el cielo conosca.
Yo seré la paloma del regio castillo.

196. ¿Qué respondes?

197. Renuncia toda esperanza.

198. ¡Dogo, no puedo!

199. Así lo deseo.
(*Parte*)

200. ¡El quiere!
... ¿Olvidaste que me debes el trono?

201. ¿Qué dices?

202. Me la negó.

PIETRO
Che pensi tu?

203. ¿Qué piensas?

PAOLO
Rapirla.

204. Raptaría.

PIETRO
Come?

205. ¿Como?

PAOLO
Sul lido a sera la troverai solinga.
Si tragga il mio naviglio di Lorenzini,
si rechi alla magion.

206. En la playa en la noche la encontraré sola.
Que Lorenzini traiga mi navio,
cerca de la mansión.

PIETRO
S'ei nega?

207. ¿Y si se niega?

PAOLO
Digli che so sue trame e presterammi aita.
Tu gran mercede avrai...

208. Dile que conosco su trama y que me preste
su ayuda. Tu grandes favores tendras...

PIETRO
Ella sará rapita.

209. Ella será raptada.
(Se retiran.)

Sala del Consejo en el Palacio de los Abates.
El Dogo sentado en el trono, de un lado, doce Consejeros nobles, del otro doce Consejeros del pueblo.
Sentados aparte cuatro Cónsules del Mar y los Condestables.
Paolo y Pietro están en los últimos asientos del populacho. Un heraldo.

BOCCANEGRA
Messeri, il re di Tartaria vi porge pegni
di pace e ricchi doni e annunzia
schiuso l'Eusin alle liguri prore.
Acconsentite?

210. Señores, el rey de Tartana os envía pruebas
de paz y ricos regalos y anuncia que abre
sus puertos a las proas de Liguria.
¿Están de acuerdo?

TODOS
Si!

211. Si!

BOCCANEGRA
Ma d'altro voto pi'u generoso io vi richiedo.

212. Pero os pido otro voto más generoso.

ALGUNOS
Parla!

213. ¡Habla!

BOCCANEGRA

La stessa voce che tuonò su Rienzi
vaticinio di gloria e poi di morte,
or su Génova tuona.

Ecco un messaggio del romito di Sorga,
ei per Venezia supplica pace?

PAOLO

Attenda alle sue rime
il cantor della bionda Avignonese.

TODOS

Guerra a Venezia!

BOCCANEGRA

E con quest'urlo atroce fra due liti d'Italia
erge Caino la sua clava cruenta!
Adria e Liguria. Hanno patria comune.

TODOS

E nostra patria Génova.

PIETRO

Qual clamor!

ALGUNOS

D'onde tai grida?

PAOLO

Dalla piazza de'Fieschi.

TODOS

Una sommossa!

PAOLO

Ecco una turba di fuggenti.

BOCCANEGRA

Ascolta.

---

214. La misma voz que se alzó en Rienzi
vaticinio de gloria y después de muerte,
ahora sobre Génova truena.
(Mostrando un escrito.)
He aqui un mensaje de de Sorga,
el por Venecia suplica paz.

215. *(Interrumpiéndolo.)*
Escuchen sus rimas
el cantor de la rubia Aviñonesa.

216. *(Ferozmente)*
¡Guerra a Venecia!

217. ¡Y con éste grito atroz entre dos partes
de Italia, alza Cain su arma cruenta!
Adria y Liguria. Tienen patria comun.

218. Génova es nuestra patria.
(Se escucha un tumulto lejano.)

219. ¡Qué clamor!

220. ¿De donde viene tanto grito?

221. De la Plaza de Fieschi.

222. ¡Una insurrección!

223. Alli una turba de fugitivos.

224. Escuchen.

El tumulto se hace más fuerte.

VOCES INTERNAS
Morte!

225. ¡Muerte!

TODOS
Morte!

226. ¡Muerte!

PAOLO, PIETRO
E lui?

227. ¿Y él?

BOCCANEGRA
Chi?

228. ¿Quién?

PIETRO
Guarda.

229. Mira.

BOCCANEGRA
Ciel! Gabriele Adorno, dalla plebe
assalito... accanto ad esso combate
un Guelfo. A me un araldo.

230. ¡Cielos! Gabriele Adorno, asaltado
por la plebe... a su lado, combate
un Guelfo. Que venga un heraldo.

PIETRO
(Paolo, fuggi o sei colto.)

231. *(En voz baja)*
(Paolo, huye o te atrapan.)

Mirando a Paolo que se retira.

BOCCANEGRA
Consoli del mare, custodite le solgie!
Ola chi fugge è un traditor.

232. ¡Consules del mar, custodien las
entradas! Hey, el que huya es un traidor.

Paolo confuso se detiene.
En la plaza.

VOCES
Marte ai patrizi!

233. ¡Muerte a los patricios!

CONSEJEROS NOBLES
All'armi!

234. *(Desenvainando sus espadas.)*
¡A las armas!

VOCES
Viva il popolo!

235. ¡Viva el pueblo!

CONSEJEROS PLEBEYOS
Evviva!

236. *(Desenvainando sus espadas)*
¡Viva!

BOCCANEGRO
E che? Voi pure?
Voi, qui! Vi provocate?

237. ¿Y que? ¿Ustedes también?
¡Ustedes, aqui! ¿Ustedes provocan?

VOCES
Morte al Doge!

238. ¡Muerte al Dogo!

BOCCANEGRA
Morte al Doge? Sta ben. Tu araldo schiudi
le porte del palagio e annuncia al volgo
gentilesco e plebeo ch'io non lo temo,
che le minaccie udii, che qui li attendo...
Nelle guaine i brandi.

239. (Levantándose en poderosa actitud)
¿Muerte al Dogo? Está bien. Tu heraldo cierra
las puertas del palacio y anuncia al vulgo
gentilesco y plebeyo que yo no les temo,
que oí sus amenazas y que aqui los espero...
Las espadas en sus vainas.

Los consejeros obedecen.

VOCES
Armi! Saccheggio!
Fuoco alle case!
Ai trabocchi!

240. ¡A las armas! ¡Al saqueo!
¡Fuego a la casa!
¡Al asedio!

BOCCANEGRA
Squilla la tromba dell'araldo... ei parla...

241. Suena la trompeta del heraldo... él habla...

Una trompeta lejana. Todos atentos escuchan. Silencio.

Tutto è silenzio...

Todo es silenció.

UNA VOZ
Evviva!

242. ¡Viva!

VOCES
Evviva il Doge!

243. ¡Viva el Dogo!

BOCCANEGRA
Ecco le plebi!

244. ¡He ahi a la plebe!

Irrumpe el populacho, los Consejeros, muchas mujeres, algunos niños, el Dogo, Paolo, Pietro.
Los Consejeros nobles siempre separados del populacho. Adorno y Fiesco unidos al populacho.

EL PUEBLO
Vendetta! Vendetta!
Spargasi il sangue del fiero uccisor!

245. ¡Venganza! ¡Venganza!
¡Derramemos la sangre del feroz asesino!

BOCCANEGRA
Quest'è dunque del popolola voce?
Da lungi tuono d'uragan, da presso
gridio di donne e di fanciulli.
Adorno perchè impugni l'acciar?

GABRIELE
Ho trucidato Lorenzino.

EL PUEBLO
Assassin!

GABRIELE
Ei la Grimaldí aveva rapita.

BOCCANEGRA
Orror!

POPOLO
Menti!

GABRIELE
Quel vile pria di morir disse che
un uom possente al crimine l'ha spinto.

PIETRO
(Ah! Sei scoperto!)

BOCCANEGRA
E il nome suo?

GABRIELE
T'aqueta! Il reo si spense pria di svelarlo.

BOCCANEGRA
Che vuoi dir?

GABRIELE
Pel cielo!
Uom posente tu se'!

BOCCANEGRA
Ribaldo!

246. *(Irónicamente.)*
¿Esta es entonces lavoz del pueblo?
Desde lejos con el tono del huracán,
desde cerca con gritos de mujeres y niños.
¿Adorno, porqué empuñas el acero?

247. He matado a Lorenzino.

248. ¡Asesino!

249. Y ha raptado a la Grimaldi.

250. ¡Qué horror!

251. ¡Miente!

252. Ese vil, antes de morir dijo que
un hombre poderoso lo indujo al crimen.

253. *(A Paolo)*
(¡Ah! ¡Te han descubierto!)

254. ¿Y su nombre?

255. ¡Cálmate! El reo murió antes de revelarlo.

256. ¿Qué quieres decir?

257. ¡Por el cielo!
¡Tueres un hombre poderoso!

258. ¡Desgraciado!

GABRIELE
Audace rapitor di fanciulle!

259. ¡Audaz raptor de muchachas!

ALGUNOS
Si disarmi!

260. ¡Si, desármenlo!

GABRIELE
Empio corsaro incoronato! Muori!

261. ¡Impio corsario sin corona! ¡Muere!

Corre para herir al Dogo. Entra y se interpone entre Gabriele y el Dogo.

AMELIA
Feriscí!

262. ¡Lo heriste!

BOCCANEGRA, FIESCO, GABRIELE
Amelia!

263. ¡Amelia!

TODOS
Amelia!

264. ¡Amelia!

AMELIA
Oh Doge... ah salva...
salva l'Adorno tu.

265. Oh Doge... ah salva...
salva tu a Adorno.

BOCCANEGRA
Nessun l'offenda.

266. Que nadie lo moleste.

A los guardias que no han podido desarmar a Gabriele.

Cade l'orgoglio e al son del suo dolore
tutta l'anima mia parla d'amore...
Amelia, di come tu fosti rapita e come
al periglio poteste campar.

Cae el orgullo y al son de su dolor
toda mi alma habla de amor...
Amelia, di cómo fuiste raptada y como
pudiste afrontar el peligro.

AMELIA
Nell'ora soave che all'estasi invita
soletta men givo sul lido del mar,
mi cingon tre sgherri, m'accoglie
un navilglio.

267. En la hora suave que invita al éxtasis
solo iba por las playas el mar,
me rodearon tres tipos y me llevaron
a un navio.

EL PUEBLO
Orror!

268. ¡Qué horror!

AMELIA
Soffocati non valseroi grid!
Io svenni e al novelo dischiuder del ciglio
Lorenzo in sue stanze presente mi vidi.

TODOS
Lorenzo!

AMELIA
Mi vidi prigion dell'infame!
Io ben di quell'alma sapea la viltà.

Al populacho.

NOBLES
Abbasso le scuri!

AMELIA
Pieta!

BOCCANEGRA
Fratricidi!
Plebe! Patrizi!
Popolo dalla feroce storia!
Erede sol dell'odio dei Spinola e dei D'Oria,
mentre v'invita statico il regno ampio dei
mari, voi nei fraterni lari vi lacerate il cuor.
Piango su voi, sul placido raggio del vostro
clivo là dove invan germoglía
il ramo dell'ulivo.
Piango suíla mendace festa dei vostri fior
gridando: Pace! E vo gridando amor!

AMELIA
(Pace! Io sdegno immenso raffrena per píetà!
Pace! T'ispire un senso di patria carità.)

PIETRO
(Tutti falli, la fuga sta tua salvezza almen.)

269. ¡No pudieron sofocar mis gritos!
Yo me desmayé y al abrir de nuevo
los ojos ví a Lorenzo en la estancia.

270. ¡Lorenzo!

271. ¡Me vi prisionera del infame!
Yo bien conocia la vileza de esa alma.

272. ¡Abajo las hachas!

273. ¡Piedad!

274. ¡Fratrícídas!
¡Plcbc!
¡Patricios! ¡Pueblo de la feroz historia!
Herederos solo del odio de Spinola y
de D'Oria mientras los invita estático
el amplio reino de los mares, ustedes
se laceran el corazón. Lloro por ustedes
sobre el plácido rayo allá en donde
florece el ramo del olivo.
¡Lloro sobre la falsa fiesta de vuestras
flores gritando: Paz! ¡Y voy gritando amor!

275. (A Fiesco)
(¡Paz! ¡Frena tu inmenso desdeño por piedad!
¡Paz! Que te inspire un sentimiento de
caridad.)

276. (A Paolo)
(Todo falló, que la fuga al menos sea tu
salvación.)

PAOLO
(No, l'angue che mi fruga è gonfio
di velen.)

GABRIELE
(Amelia è salva e m'ama!
Sía ringraziato il ciel! Disdegna
ogni altra brama l'animo mio fedel.)

FIESCO
(O patria a qual mi serba vergogna il
mío sperar!
Sta la citta superba nel pugno d'un corsar!)

CORO
Il suo commoso accento sa l'ira in noí
calmar, vol di soave vento che rasserena
il mar.

GABRIELE
Ecco la spada.

BOCCANEGRA
Questa notte sola qui prigione sarai, finche
la trama tutta si scopra. No l'altera lama
serba, non voglio chen la tua parola.

GABRIELE
E sia!

BOCCANEGRA
Paolo!

PAOLO
Mio Duce!

BOCCANEGRA
In te risiede l'austero, dritto popolar,
è accolto l'onore cittadin nella tua fede:
Bramo l'ausiglio tuo.
V'è in questa mura un vil che m'ode
e impallídisce in volto,
già la mia man lo afferra per le chiome.

277. (A *Pietro*)
(No, la angustia que me llena está llena
de veneno.)

278. (¡Amelia está a salvo y me ama!
¡Gracias al cielo! Desdeña
a todos y me quiere.)

279. (¡Oh patria me avergüenzo!
¡La soberbia ciudad está en el puño
de un corsario!)

280. Su conmovedor acento sabe calmar
la ira en nosotros, y desea el suave
viento que serena al mar.

281. (*Ofreciendo se espada al Dogo.*)
He aqui mi espada.

282. Esta noche, aqui será la prisión, hasta
que toda la trama se descubra. La altanera
espada no sirve, solo quiero tu palabra.

283. ¡Asi sea!

284. ¡Paolo!

285. (*Saliendo atoníto de entre la plebe.*)
¡Mi Dogo!

286. En ti reside el austero derecho popular,
y se acoge el honor de tu fé:
Quiero tu auxilio.
Aqui dentro está un vil que me odia,
su rostro palidece, ya mi mano lo
aferra por la cabellera.

BOCCANEGRA (*continuato*)
Io so il suo nome...
E nella sua paura.
Tu al cospetto del ciel e al mio cospetto
sei testimon. Sul manigoldo impuro
piombi il tuon del mío detto:
Sia maledetto! E tu rípeti il giuro.

(*continuó*)
Yo sé su nombre...
Está dentro de su miedo.
Tu en presencia del cielo y en mi presencia,
eres testimonio. Sobre ese traidor,
arroja el tono de mi palabra:
¡Te maldigo! Repítelo.

Aterrorizado.

PAOLO
Sia maledetto... (Orror!)

287. Te maldigo... (¡Que horror!)

TODOS
Sa maledetto!

288. ¡Te maldecimos!

⁘

Acto Segundo

Una estancia en el palacio Ducal en Génova
desde un balcón se vé la ciudad.

PAOLO
Quei due vedesti?

289. (Conduciendo a Pietro hacia el balcón.)
¿Viste a esos dos?

PIETRO
Si.

290. Si.

PAOLO
Li traggi tosto dal carcer loro per l'andito
ascoso, che questa chiave schiuderà.

291. Sácalos pronto de la cárcel por
el corredor que ésta llave abrirá.

PIETRO
T'intesi.

292. Te entiendo.
(Se retira.)

PAOLO
Me stesso ho maledetto!
E l'anatema m'insegue ancor...
e l'aura ancor ne trema!
Vilipeso, reietto dal Senato e da Génova,
qui vibro l'ultimo strai pria di fuggir,
qui libro la sorte tua,
Doge, in questa ansia estrema.
Tu che m'offendi e che mi devi
il trono, qui t'abbandono al tuo destino.
In questa ora fatale...

293. ¡Yo mismo soy un maldito!
¡Y el anatema me sigue aun...
y mi aura aun tiembla!
Vilipendiado, rechazado del Senado y
de Génova, aquí lanzo el último golpe
antes de huir, aquí defino tu suerte,
Dogo, en esta mi ansia extrema.
Tu que me ofendiste y que me debes
el trono, aquí te abandono a tu destino.
En ésta hora fatal...

Extrae una ampolleta y vierte su contenido en una copa.

Qui tí stillo una lenta, atra agonia...
La t'armò un assassino.
Scelga morte sua via fra il tosco ed il pugnale.

Aquí instilo tu lenta agonía.
Alla está el arma de un asesino,
escoge la muerte entre el veneno y el puñal.

FIESCO Prigíonero in qual loco m'adduci?	294.	¿Me tiene prisionero en éste lugar?
PAOLO Nelle stanze del Doge, e favella a te Paolo.	295.	En la estancia del Dogo, y te habla Paolo.
FIESCO I tuoi sguardi son truci.	296.	Tus miradas son asesinas.
PAOLO Io so l'odio che celasti in te, tu m'ascolta.	297.	Soy el odio que escondiste en ti escucha.
FIESCO Che brami?	298.	¿Qué quieres?
PAOLO Al cimento preparasti de'Guelfi la schiera?	299.	¿Tú preparaste el pelotón para Guelfi?
FIESCO Si.	300.	Si.
PAOLO Ma vano fia tanto ardimento! Questo Doge abborrito da me quanto voi l'abborríte, v'appresta nuovo scempio.	301.	Pero fué en vano tanto atrevimiento! Este Dogo aborrecido por mi tanto como tu lo aborreces te dá un nuevo ejemplo.
FIESCO Mi. tendí un agguato.	302.	Me tendió una trampa.
PAOLO Un agguato? Di Fiasco la testa il tiranno segnata non ha? Io t'insegno víttoría.	303.	¿Una trampa? ¿El tirano no ha señalado la testa de Fiesco? Yo te señalo la victoria.
FIESCO A qual patto?	304.	¿Y cual es el pacto?
PAOLO Trucidarlo quí, mentre egli dorme.	305.	Matarlo aquí mientras él duerme.
FIESCO Osi a Fiesco proporre un misfatto?	306.	¿Osas proponerle a Fiesco un delito?

PAOLO
Ti rifiutí?

307.

¿Te rehusas?

FIESCO
Si.

308.

Si.

PAOLO
Al carcer ten va.

309.

Entonces, vé a la carcel.

Fiesco parte, Gabriele hace por seguirlo, pero es detenido por Paolo.

PAOLO
Udísti?

310.

¿Oiste?

GABRIELE
Vil dísegno!

311.

¡Qué plan tan vil!

PAOLO
Amelia dunque maí tu non amasti?

312.

¿Entonces nunca amaste a Amelia?

GABRIELE
Che dici?

313.

¿Qué dices?

PAOLO
È qui.

314.

Aqui está.

GABRIELE
Qui Amelia!

315.

¡Amelia aqui!

PAOLO
E del vegliardo segno è alle infame
infami dilettanze.

316.

Y el viejo tiene un gesto infame.

GABRIELE
Astuto dimon, cessa...

317.

Astuto demonio, ya deja...

Paolo corre a 'cerrar la puerta de la derecha.

Che fai?

¿Qué haces?

PAOLO
Da qui ogni varco t'è conteso.
Ardisci il colpo o
sepoltura avrai fra queste mura.

318.

Aqui conoces todos los pasillos.
Atrevete a dar el golpe o
tendras sepultura entre éstos muros.

Parte presuroso por la puerta de la izquierda.

GABRIELE
O inferno! Amelia qui!
L'ama il vegliardo!
E il furor che m'accende,
m'è conteso sfogar!
Tu m'uccidesti il padre...
Tu m'involi il mio tesoro... Trema iniquo...
già troppa era un'offesa, doppia vendetta hai
sul tuo capo accesa.
Sento avvampar nell'anima furente gelosia,
tutto il tuo sangue spegnerne l'incendio no
potria, s'ei mille vite avesse, se mieterle
potesse d'un colpo il mio furor,
non sarei sazio ancor.
Che parlo! Ohime! Piango!
Píetà gran Dio, del mío martirio!
Pietoso cielo, rendilà, rendíla a questo core
pura siccome l'angelo che veglia al suo
pudore, ma se una nube impura tanto
candor m'oscura, priva di sue vírtù
ch'io non la vegga più.

319. ¡Oh infierno! ¡Amelia está aqui!
La ama el viejo!
¡Es el furor que me enciende,
y que no puedo desahogar!
Tu mataste a mi padre...
Tu te llevaste a mi tesoro... Tiembla
iniquo... ya era demasiada ofensa, doble
venganza sobre tu cabeza has ganado.
Siento encenderse en mi alma furiosos
celos, que toda tu sangre ese incendio
no podrías apagar, si él mil vidas tuviera,
si segárselas pudiera, de un golpe,
mi furor no se sacíaria.
¡Qué digo! ¡Cielos! ¡Lloro!
¡Ten piedad gran Dios, de mi martirío!
Cielo piadoso, devuélvela, devuélvela
a éste corazón, pura como el angel que
vela por su pudor, pero si una nube impura
ensombrece tanto, candor y la priva
de su virtud, haz que yo no la vea mas.

Llega Amelia.

AMELIA
Tu qui?

320. ¿Tu aqui?

GABRIELE
Amelia!

321. ¡Amelia!

AMELIA
Chi il varco t'apria?

322. ¿Quien te abrió el pasillo?

GABRIELE
E tu come qui?

323. ¿Y como es que estás aquí?

AMELIA
Io.

324. Yo.

GABRIELE
Ah sleale!

325. ¡Ah, desleal!

AMELIA
Ah, crudele!

326. ¡Ah, cruel!

GABRIELE
Il tiranno te.

327. E tirano te.

AMELIA
Il rispetta...

328. El respeta...

GABRIELE
Egli t'ama...

329. El te ama...

AMELIA
D'amor santo.

330. Con amor santo.

GABRIELE
E tu?

331. ¿Y tu?

AMELIA
L'amo al pari...

332. Lo amo a la par...

GABRIELE
E t'ascolto.

333. Te escucho.

AMELIA
Infelice!... Mel credi, pura io sono.

334. ¡Infeliz!... Creeme, soy pura.

GABRIELE
Favella.

335. Habla.

AMELIA
Concedí che il segreto non aprasi ancor.

336. Concede en guardar el secreto.

GABRIELE
Parla—in tuo cor virgineo fede al diletto
rendi. Il tuo silenzio è funebre vel che su
me distendí.
Dammi la vita o il feretro.
Sdegno la tua pietà.

337. Habla—en tu virginal corazón entrega
tu fe a tu preferido. Tu silencio es fúne
bre velo que sobre mi extiendes.
Dame la vida o el féretro.
Desdeño tu piedad.

AMELIA
Sgombra dall'alma il dubbio...
Santa nel peto mío l'mmagin tua s'accogie
come nel tempio Iddio. No,
procellosa tenebra un ciel d'amor non ha.

338. Quita de tu alma la duda...
Tu imagen santa se acoge en mi pecho
como Dios en el templo. No,
el cielo de amor no tiene tinieblas.

Se oye sonar de trompetas.

Il Doge vien, scampo non hai. T'ascondi.

Viene en Dogo, no hay escape. Escóndete.

47

GABRIELE
No.

AMELIA
Il patibol t'aspetta.

GABRIELE
Io non lo temo.

AMELIA
Nell'ora stessa teco avrò morte.
Se non ti move dí me píetà.

GABRIELE
Díte pietade?
(Lo vuol la sorte... si compia il fato...
egli morrà...)

339. No.

340. Te espera el patíbulo.

341. No le temo.

342. En la misma hora contigo moriré.
Si no te mueves, piedad de mí.

343. ¿Dijiste piedad?
(Lo quiere el destino... que se cumpla
el destino... él morirá...)

Amelía esconde a Gabriele en el balcón.
Entra el Dogo por la derecha leyendo un documento.

BOCCANEGRA
Figlia!...

AMELIA
Si sfflitto, o padre mio?

BOCCANEGRA
T'inganni, ma tu piangevi.

AMELIA
Io...

BOCCANEGRA
La cagion m'è nota delle lagrime tue
Gia mel dicesti... ami e se degno fía
dite l'eletto del tuo core.

AMELIA
O padre, fra Liguri il più prode,
il più gentile...

BOCCANEGRA
Il noma.

344. ¡Hija!...

345. ¿Estás afligido padre mío?

346. Te engañas, pero tú llorabas.

347. Yo...

348. Conosco la causa de tus lágrimas
Ya me lo dijiste... amas y si es digno
dile al elegido de tu corazón.

349. Oh padre, de Liguria el mas valiente,
el mas gentil...

350. El nombre.

AMELIA
Adorno.

BOCCANEGRA
Il mio nemico!

AMELIA
Padre!

BOCCANEGRA
Vedi qui scrito il nome suo?
... congiura coi Guelfi.

AMELIA
Ciel... perdonagli!...

BOCCANEGRA
Nol posso.

AMELIA
Con lui morrò...

BOCCANEGRA
L'ami cotanto?

AMELIA
Io l'amo d'ardente, d'infiníto amor.
O al tempío con lui mi guida,
o sopra entrambi cada
la scure del carnefice.

BOCCANEGRA
O crudele destino. O dileguate mie speranze.
Una figlia trovo, ed un nemico a me
la invola ascolta... s'ei ravveduto...

AMELIA
Il fía.

BOCCANEGRA
Forse il perdono allor.

AMELIA
Padre adorato!

351. Adorno.

352. ¡Mi enemigo!

353. ¡Padre!

354. ¿Ves aqui escrito su nombre?
... conjura con Guelfi...

355. ¡Cielos... peredónalo!...

356. No puedo.

357. Con él moriré.

358. ¿Tanto lo amas?

359. Yo lo amo con ardiente e infinito amor.
O al templo con él me llevas,
o que sobre ambos caiga
el hacha del verdugo.

360. Oh cruel destino. Oh perdida esperanza.
Encuentro una hija, y un enemigo me
la quita, escucha... si él arrepentido...

361. El lo hará.

362. Quizas lo perdone entonces.

363. ¡Padre adorado!

BOCCANEGRA

Ti ritraggi. Attender qui degg'io l'aurora...

364.

Retírate. Quiero esperar aqui a la aurora...

AMELIA

Lascia ch'io vegli al fianco tuo...

365.

Dejame velar a tu lado...

BOCCANEGRA

No, ti ritraggi...

366.

No, retírate...

AMELIA

Padre!...

367.

¡Padre!...

BOCCANEGRA

Il voglio.

368.

Eso quiero.

(Se retira)

AMELIA

(Gran Dio! Come salvarlo?)

369.

(¡Gran Dios! ¿Cómo salvarlo?)

Gabriele continúa escondido.

BOCGANEGRA

Doge! Ancor proveran la tua clemenza
itraditori? Di paura segno fora il castigo.
M'ardono le fauci.

370.

¡Dogo! ¿Todavía verán tu clemencia
los traidores? Si el miedo fuera
señal de castigo. Me arde la boca.

Mira la copa con el veneno y bebe.

Perfin l'onda del fonte è amara al labbro...
è oppressa... stanche le membra...
ah mé... mi vince il sonno.

Oh! Amelia ami... un nemico...

Incluso el agua de la fuente es amarga... oh
dolor... mi mente es oprimida... los miembros
cansados... cielos... me vence el sueño.
(Se sienta)
¡Oh! Amelia ama... a un enemigo...

Se duerme

GABRIELE

Entra con precaución, se acerca al Dogo y lo contempla.
Ei dorme quale...
Sento ritegno?... E riverenza o tema?
Vacilla il mio voler? Tu dormi, o veglio,
del padre mio carnefice, tu mio rival.
Figlio d'Adorno!... La paterna ombra ti
chiama vindice.

371.

El duerme como...
¿Qué siento?... ¿Es reverencia?
¿Vacila mi voluntad? Tu duermes, viejo,
verdugo de mi padre, tu mi rival.
¡Hijo de Adorno!... La sombra paterna te
reclama venganza.

Toma su puñal y está por asesinar al Dogo, pero Amelia entra y se interpone.

AMELIA
Insensato!
Vecchio inerme il tuo brascio colpisce!

GABRIELE
Tua dífesa mio sdegno raccende.

AMELIA
Santo, il giuro, è l'amor che ci unisce,
alle nostre speranza contende.

GABRIELE
Che favelli?...

BOCCANEGRA
Ah!

AMELIA
Nascondi il pugnale, vien... ch'ei t'oda...

GABRIELE
Prostrarmi al suo piede?

BOCCANEGRA
Ecco il petto... colpisci, sleale!

GABRIELE
Sangue, il sangue d'Adorno ti chiede.

BOCCANEGRA
E fia ver?
... Chi t'apri queste porte?

AMELIA
Non io.

GABRIELE
Niun questo arcano saprà.

BOCCANEGRA
Il dirai fra tormenti...

GABRIELE
La morte, tuoi supplizi non temo.

372.
¡Insensato!
¡A un viejo inerme golpea tu brazo!

373.
Tu defensa re-enciende mi desden.

374.
Santo, el lo juró, es el amor que nos une,
duda de nuestra esperanza.

375.
¿Que dices?...

376.
(Despertándose)
¡Ah!

377.
Esconde el puñal, ven... que él te oiga...

378.
¿Postrarme a su pie?

379.
(Se interpone entre ellos)
¡He aqui mi pecho... golpéalo, desleal!

380.
Sangre, por la sangre de Adorno te pregunto.

381.
¿Y será verdad?
... ¿Quien te abrió éstas puertas?

382.
Yo no.

383.
Nadie sabrá éste secreto.

384.
El lo dirá bajo tormento...

385.
No temo ni a la muerte ni a tu suplicio.

AMELIA
Ah pietà!

BOCCANEGRA
Ah quel padre tu ben vindicasti,
che da me contristato già fu.
Un celeste tesor m'involasti...
la figlía mia.

GABRIELE
Suo padre sei tu!
Perdono, Amelia, indòmito, geloso
amor fu il mio...
Doge, il velame squarciasi...
un assassin son io...
dammi la morte, el cíglio
a te non oso alzar.

AMELIA
(Madre che dall'empireo proteggi la tua figlia
del genitor all'anima meco píetà consiglia.
Ei si rendea colpevole solo per troppo amor.)

BOCCANEGRA
(Deggio salvarlo e stendere la mano
all'inimíco? Si, pace, splenda ai Liguri,
si plachi l'odioantíco.)

CORO
All'armi, all'armi, o Liguri,
patrio dover v'appella—
scoppio dell'ira il folgore
e notte di procella.
Le guelfe spade cingano
di tirannia lo spalto
del coronato veglio
su, alla magion l'assalto.

AMELIA
Qual gridi?

GABRIELE
I tuo nemici.

386. ¡Piedad!

387. Tu bien vengaste a aquel padre,
y yo ya me he arrepentido.
Un celeste tesoro me quitaste...
la hija mia.

388. ¿Tú eres su padre?
Perdón, Amena, indomable, y celoso
amor fuá el mío...
Dogo, has quitado el velo...
yo soy un asesino...
dame la muerte, mis ojos
no se atreven a alzarse ante ti.

389. (Madre que desde el cielo proteges
a tu hija, aconseja al alma de mi padre.
Que se declaró culpable solo par amor.)

390. (¿Debo salvarlo y extenderle la mano al
enemigo? Si, que la paz, resplandezca en la
Liguria, que se calme el antiguo odio.)

391. A las armas, a las armas, oh Liguria,
el deber patrio te llama—
que el fulgor de la ira explote
es noche de victoria.
Ciñamos nuestra espada
acabemos con la tiranía
del velo coronado
vamos al asalto de la mansión.

392. ¿Qué gritan?

393. Tus enemigos.

BOCCANEGRA
Il so.

AMELIA
S'addensa il popole.

BOCCANEGRA
T'unisci a'tuoi...

GABRIELE
Che pugni contre dite?
... Mai più.

BOCCANEGRA
Dunque messaggio ti reca lor di pace
e il sole di domani non sorga a rischiarar
fraterni stragi.

GABRIELE
Teco a pugnar ritorno, se la clemenza tua
non il disarmi.

BOCCANEGRA
Sara costei tuo premio.

GABRIELE Y AMELIA
O inaspettata gioia!

AMELIA
O padre!

BOCCANEGRA y GABRIELE
All'armi!

394. Lo sé.

395. Se reune el pueblo.

396. (A Gabriele)
Unete a los tuyos...

397. ¿Dices que luche en tu contra?
... Nunca más.

398. Entonces llévales un mensaje de paz
y que el sol de mañana no surja a iluminar
luchas fraternas.

399. Regreso a pelear a tu lado, si tu clemencia
no los desarma.

400. (Señalando a Amelía.)
Ella será tu premio.

401. ¡Oh qué alegria tan inesperada!

402. ¡Oh padre!

403. (Desenvainando sus espadas.)
¡A las armas!

Acto Tercero

Interior del palacio ducal.
Un capitán de ballestros, con Fiesco a la derecha y a la izquierda Paolo en medio de la guardia.

GENTE
Evviva il Doge!
Vittoria, vittoria!

404.

¡Que viva el Dogo!
¡Victoria, victoria!

Devolviendo a Fiesco su espada.

CAPITAN
Libero sei: ecco la spada.

405.

Eres libre: aquí está tu espada.

FIESCO
E i Guelfi?

406.

¿Y los Guelfi?

CAPITAN
Sconfitti.

407.

Derrotados.

FIESCO
O, triste liberta!

Che?... Paolo?...
Dove sei tratto?

408.

¡Oh, triste libertad!
(*A Paolo*)
¿Qué?... ¡Paolo?...
¿A donde haz sido traído?

PAOLO
All'estremo supplizío.
Il mio demonio mi cacciò fra l'armi
dei rivoltosi e là fui colto, ed ora
mi condanna Simon; ma da me prima
fu il Boccanegra condannato a morte.

409.

Al suplicio final.
Mi demonio me cazó entre las armas
de los revoltosos y allí fui detenido y ahora
me condena Simón; pero por mi primero
fué Boccanegra condenado a muerte.

FIESCO
Che vuoi dir?

410.

¿Qué quieres decir?

PAOLO
Un velen... più nulla io temo,
gli dívora la vita.

411.

Un veneno... ya no temo mas,
le devora la vida.

FIESCO
Infame!

412. Infame!

PAOLO
Ei forse già mi precede nell'avel!

413. Quizas él ya me precede en el infierno!

CORO
Dal sommo delle sfere
proteggili o Signor
di pace sien foriere le nozze dell'amor.

414. Desde lo alto de la esfera
protégelo oh Señor
de paz sean llenas las bodas del amor.

PAOLO
Ah! Orrore!
Quel canto nuzial, che mi persege l'odi?
...In quel tempio Gabriello Adorno
sposa colei ch'io trafugava...

415. ¡Ah! ¡Horror!
¿Ese canto nupcial que me persigue lo oyen?
... En ese templo Gabriele Adorno
se casa con quien yo rapté...

FIESCO
Amelia?
Tu fosti il rapitor? Mostro!

416. (Desenvainando su espada.)
¡Amelia?
¿Tú fuiste el raptor? ¡Monstruo!

PAOLO
Ferisci.

417. Mátame.

FIESCO
Non, lo sperar, sei sacro alla bippene.

418. No, la espera, es sagrada.

Los guardias selleven a Paolo.

FIESCO
Inorridisco! No, Simon non questa
vendetta chiesi, d'altra meta degno era
il tuo fato. Eccolo il Doge...
Al fine e giunta l'ora di trovarci a fronte!

419. ¡Me horroríza! No, Símón no merecía
ésta venganza, era digno de tener otro
destino. Ahi está el Dogo...
¡Al fin ha llega do la hora de enfrentarlo!

Se retira a un ángulo obscuro.
Llega el Dogo, lo, precede el capitán y un trompetero.

CAPITAN
Cittadini! Per ordine del Doge
s'estinguano le faci e no s'offenda
col clamor del trionfo i prodi estinti.

420. (Habla al pueblo desde el balcón.)
¡Ciudadanos! Por órdenes del Dogo
se retiran los cargos y que no se ofencon
el clamor del triunfo a los valientes.

Sale seguido por el trompetero.

BOCCANEGRA

M'ardon le tempia... un'atra vampa sento
serpeggiar per le vene...
Ah! Ch'io respiri l'aura beata del libero cielo!
Oh refrigerio! La marina brezza!...
Il mare!... Il mare!... Quale in rimirarlo
di glorie e di sublimi rapimenti.
Mi si affaccian ricordi! Il mare! Il mare!
Perchè in suo grembo non trovai
    la tomba?

421.

Me arden las sienes... siento una llama
serpentear por lasvenas...
¡Ah! ¡Que yo respire el aire santo del cielo!
¡Oh, qué descanso!... ¡La brisa marina!...
¡El mar!... ¡El mar!... Volverlo a mirar
con su gloria y su embelezo.
¡Aflortan los recuerdos! ¡El mar! ¡El mar!
¿Porqué no encontrar la tumba
    en su regazo?

Acercándose.

FIESCO

Era meglio per te!

422.   ¡Era lo mejor para ti!

BOCCANEGRA

Chi oso inoltrarsi?...

423.   ¿Quien osó entrar?...

FIESCO

Chi te noon teme.

424.   Quien no te teme.

BOCCANEGRA

Guardie!...

425.   ¡Guardias!...

FIESCO

Invan le appelli...
non son qui i sgherri tuoi.
M'ucciderai, ma prima m'odi.

426.

En vano las llamas...
no están aquí tus esbirros.
Me mataras, pero antes me oyes.

BOCCANEGRA

Che vuoi?

427.   ¿Qué quieres?

FIESCO

Delle faci festanti al barlume cifre arcane
tua sentenza la mano del nume
sopra queste pareti vergò.
Di tua stella s'eclissano i rai,
la tua porpora, in brani già cade
víncitor fra le larve morrai
cuí la tomba tua scure negò.

428.

De las antorchas el festivo brillo cesó,
tu sentencia, la mano de Dios
sobre estas paredes dejó.
De tu estrella se eclipsan los rayos,
tu toga púrpura, ya cae a pedazos,
moríras entre los espectros a quienes
la tumba tu hacha negó.

BOCCANEGRA

Qual accento?

429.   ¿Y esas palabras?

FIESCO
Lo udisti un'altra volta.

430. Las oiste una vez más.

BOCCANEGRA
Fía ver?
Risorgon dalle tombe i mortí?

431. ¿Será verdad?
¿Resurgen de la tumba los muertos?

FIESCO
Non mi ravvisi tu?

432. ¿No me reconoces?

BOCCANEGRA
Fiesco!

433. ¡Fiesco!

FIESCO
Simon, i morti ti salutano!

434. ¡Simón, los muertos te saludamos!

BOCCANEGRA
Gran Dio!
Compiùto alfin di quest'alma è il desio!

435. ¡Gran Dios!
¡Se cumple al fin de esta afma el deseo!

FIESCO
Come fantasima Fiesco t'appar antico
otraggio a vendicar.

436. Como fantasma Fiesco se te aparece
para vengar un ultraje antiguo.

BOCCANEGRA
Di pace nunzio Fiesco sarà
Suggella un angelo nostra amistà.

437. Fiesco será mensajero de paz
Un ángel confirmará nuestra amistad.

FIESCO
Che dici?

438. ¿Qué dices?

BOCCANEGRA
Un tempo il tuo perdon m'offristí...

439. Un tiempo tu perdón me ofreciste...

FIESCO
Io?

440. ¿Yo?

BOCCANEGRA
Se a te l'orfanella concedea
che perduta per sempre allor piangea,
in Amelia Grimaldi a me fu resa,
e il nome porta della madre estinta.

441. Si a ti la huérfana otorgara
que perdida para siempre entonces lloraba,
Amelía Grímaldi a mi fué devuelta,
y el nombre lleva de la madre extinta.

FIESCO
Cielo!... Perchè mi splende il ver si tardi?

442. ¡Cielos!... ¿Por qué veo la verdad tan tarde?

BOCCANEGRA
Piangi? Perchè da me volgi gli sguardi?

443. ¿Lloras? ¿Porqué vuelves tu mirada hacia mi?

FIESCO
Piango perchè,
mi parla in te del ciel la voce,
sento rampogna atroce fin nella tua píetà.

444. Lloro porque en ti,
me habla la voz del cielo,
siento un reproche atroz.

BOCCANEGRA
Vien, ch'io ti stringa al petto,
o padre di Maria, balsamo all'alma
mía il tuo perdon sarà.

445. Ven, deja que te apriete contra mí pecho,
oh padre de Maria, balsamo para
mi alma tu perdón será.

FIESCO
Ahimè! Morte sovrasta...
un traditore il velen t'apprestò.

446. ¡Cielos! Muerte amenazante...
un traidor te dió el veneno.

BOCCANEGRA
Tutto favella, il sentoa me d'eternità.

447. Todo habla, ya siento la eternidad.

FIESCO
Crudele fato!

448. ¡Destino cruel!

BOCCANEGRA
Ella vien.

449. Ella viene.

FIESCO
Maria.

450. Maria.

BOCCANEGRA
Taci, non dirle...
anco una volta benedirla voglio.

451. Calla, no le digas...
quiero bendecirla una vez mas.

Se abandona sobre un sillón.
Viendo a Fiesco.

AMELIA
Chi veggo!

452. ¿A quien veo?

BOCCANEGRA
Vien.

453. Ven.

GABRIELE
Fiesco!

454. ¡Fiesco!

AMELIA
Tu qui!

455.
(A Fiesco)
¿Tu aquí?

BOCCANEGRA
Deponi la meraviglia, in Fiesco il padre
vedi dell'ignota Maria, che te die' vita.

456.
Olvida tu sorpresa, en Fiesco ves al padre
de la desconocida Maria, que te dió la vida.

AMELIA
Egli?... Fia ver?

457.
¿El?... ¿Será verdad?

FIESCO
Maria!

458.
¡Maria!

AMELIA
Oh gioia!
Dunque gli odi i funesti han fine!

459.
¡Qué alegria! ¡Entonces los
odios funestos han terminado!

BOCCANEGRA
Tutto finisce, o figlia...

460.
Todo ha terminado, hija...

AMELIA
Qual ferale pensier t'attrista
si sereni istanti?

461.
¿Cual pensamiento te entristece en éste
instante sereno?

BOCCANEGRA
Maria... coraggio...
ah gran dolor t'appresta...

462.
Maria... ten valor...
ah gran dolor prepárate...

AMELIA
Quali accenti! Oh terror!

463.
(A Gabriele)
¡Qué palabras! ¡Oh terror!

BOCCANEGRA
Per me l'estrema ora suonò!

464.
¡Para mi ha llegado la hora final!

AMELIA, GABRIELE
Che parli?

465.
¿Qué dices?

BOCCANEGRA
Ma l'Eterno in tue braccia, o Maria
mi concede spirar...

466.

Pero el Eterno en tus brazos, oh Maria
me concede morir...

AMELIA, GABRIELE
Possibil fia?

467.

¿Será posible?

BOCCANEGRA

Se levanta y poniendo sus manos sobre su cabeza, eleva sus ojos al cielo y dice:
Gran Dio, li benedici pietoso dall'empiro,
a lor del mio martirio cangia le spine in fior.

468.

Gran Dios, bendícelos piadoso como eres,
mí martirio cámbiaselos de espinas a flores.

AMELIA

No, non morrai, l'amore vinca di morte
il gelo, rísponderá dal cielo pietade,
al mio dolor.

469.

No, no mueras, el amor vence al hielo
de la muerte, y habrá piedad,
del cielo a mi dolor.

GABRIELE

O padre, o padre, il seno furia mi squarcia
atroce... come passò veloce l'ora
del lieto amor!

470.

¡Oh padre, oh padre, en mi seno siento...
un grito de furia atroz qué rápidamente
pasó la hora del alegre amor!

FIESCO

Ogni letizia in terra e mensognero incanto
d'interminato pianto fonte e l'umano cor.

471.

Toda alegria en la tierra es un encanto
engañoso, de llanto interminable fuente
es el corazón humano.

BOCCANEGRA

T'appresa o figlia... io spiro...
stringi... il morente... al cor!

472.

Acércate oh hija... yo muero...
¡Estrecha... al moribundo... a tú corazón!

CORO

Si, piange, piange è vero ogno la creatura
s'avvolge la natura in manto
di dolor!

473.

¡Si, llora, llora, es verdad a todas las criaturas
las envuelve la naturaleza en un manto
de dolor!

BOCCANEGRA

Senatori, sancite il voto estremo
questo serto Ducal la fronte cinga
di Gabriele Adorno.
Tu, Fíesco, compi il voler... Maria!

474.

Senadores, ratifiquen mi último voto.
Que ésta corona Ducal ciña la frente
de Gabriele Adorno.
Tu Fiesco, acepta mi deseo... ¡María!

Muere.
Se arrodillan ante el cadaver.

AMELIA, GABRIELE

O padre!

475.

¡Oh padre!

Se acerca al balcón rodeado por los Senadores.

FIESCO
Genovesi! In Gabriele Adorno
il votro Doge or acclamate.

EL PUEBLO
No... Boccanegra!

FIESCO
E morto.
Pace per lui pregate!

476. ¡Genoveses! En Gabriele Adorno
a vuestro Dogo aclamen ahora.

477. ¡No... Boccanegra!

478. Está muerto.
¡Rueguen por su paz!

Se escuchan lentas y graves campanadas. Todos se arrodillan.

FIN

Biografia de Giuseppe Verdi

Giuseppe Verdi nació en el seno de una familia muy modesta, el 10 de Octubre de 1813 en una pequeña población llamada Le Roncole perteneciente al Ducado de Parma en el norte de Italia, en ese entonces bajo el dominio de Napoleón.

Verdi contó desde muy joven con la protección de Antonio Barezzi, un comerciante de Busseto, pueblo vecino a Le Roncole, quien creyó en el potencial musical del joven.

Gracias a su apoyo, Verdi pudo desplazarse a Milán con la intención de ingresar como estudiante al Conservatorio cosa que no logró debido a obstáculos burocráticos.

Durante 18 meses de la educación musical de Verdi, en Milán, quien se desempeñó en forma brillante como estudiante.

Sin embargo, por recomendación de Antonio Barezzi, el maestro Vincenzo Lavigna se hizo cargo durante 18 meses de la educación musical de Verdi, en Milán, quien se desempeñó en forma brillante como estudiante.

El 4 de Mayo de 1836, Verdi y Margherita, hija de Antonio Barezzi contrajeron nupcias, ambos tenían 23 años. El 23 de Marzo de 1837, Margherita dio a luz una niña que fue bautizada con el nombre de Virginia Maria Luigia.

En 1836, Verdi fue nombrado Maestro de Música de Busseto y un año después, en Milán, estrenó su primera ópera *Oberto Conte di San Bonifacio* que resultó todo un éxito y le procuró un contrato con el Teatro alla Scala. El 11 de Julio de 1836 nació el segundo hijo de Margherita, lo llamaron Icilio, Romano, Carlo, Antonio.

En 1840, comenzaron las desgracias en la vida de Verdi, primero enfermó su hijo y falleció, pocos días después, la niña también enfermó gravemente y murió y por último en los primeros días de Junio, Margherita contrajo la encefalitis y también falleció.

Todo esto sumió a Verdi en una profunda depresión que estuvo a punto de hacerlo abandonar su carrera musical. En esos días Ricordi su editor, le mostró el libreto de *Nabucco* que le devolvió su interés por la composición.

El 9 de Marzo de 1842 Verdi estrenó *Nabucco* en el Teatro alla Scala, el estreno constituyó un gran éxito y fue su consagración como compositor.

Durante los ensayos de *Nabucco*, Verdi conoció a Giuseppina Streppони la protagonista de la ópera, que se convirtió en su pareja y con quien se casó en 1859 y vivió con ella hasta 1897 año en que ella murió.

Verdi escribió un total de 27 óperas, una *misa de Requiem*, un *Te Deum*, el *Himno de las Naciones*, obras para piano, para flauta, y otras obras sacras.

Verdi dejó su cuantiosa fortuna para el establecimiento de una casa de reposo para músicos jubilados que llevaría por nombre La Casa Verdi, en Milán que es en donde se encuentra enterrado junto con Giuseppina.

Verdi falleció en Milán, de un derrame cerebral el 27 de Enero de 1901 a los 88 años de edad. Su entierro causó una gran conmoción popular y al paso del cortejo fúnebre el público entonó el coro de los esclavos de *Nabucco* "Va pensiero sull ali dorate."

Operas de Verdi

Aida	*La Battaglia di Legnano*
Alzira	*La Forza del Destino*
Attila	*La Traviata*
Don Carlo	*Luisa Miller*
Ernani	*Macbeth*
Falstaff	*Nabucco*
Giovanna D'Arco	*Oberto Conte di San Bonifacio*
I Due Foscari	*Otello*
I Lombardi	*Rigoletto*
I Masnadieri	*Simon Boccanegra*
I Vespri Siciliani	*Stiffelio*
Il Corsaro	*Un Ballo in Maschera*
Il Re Lear	*Un Giorno de Regno*
Il Trovatore	

Acerca de Estas Traducciones

El Dr. Eduardo Enrique Prado Alcalá nació en 1937 en el norte de México, estudió la carrera de medicina y se especializó en cáncer ginecológico y cáncer de mama.

Ejerció su carrera durante 40 años y finalmente llegó a la edad del retiro.

Desde la edad de 42 años, se hizo aficionado a la ópera y a la música clásica y formó parte de un grupo de amigos aficionados a estas disciplinas. Tuvo la oportunidad de asistir a funciones operísticas en la Ciudad de México, en Guadalajara México, en Toluca México, en Mazatlán México, en Seattle, en Madrid y en Londres. Organizó en la Ciudad de Mazatlán tres conciertos de música clásica, uno de ellos en la catedral.

Jugum Press y Ópera en Español

Prensa publica estas traducciones de ópera por Dr. E.Enrique Prado:

Vincenzo Bellini:
Norma

Georges Bizet:
Carmen

Gaetano Donizetti:
Anna Bolena, Don Pasquale, Lucia di Lammermoor, Lucrezia Borgia

Ruggero Leoncavallo:
I Pagliacci

Pietro Mascagni:
Cavalleria Rusticana

Wolfgang Amadeus Mozart:
Die Zauberflöte, Don Giovanni, Le Nozze di Figaro

Giacomo Puccini:
La Boheme, La Fanciulla del West, Madama Butterfly, Manon Lescaut, Tosca
El Tríptico: Gianni Schicchi, Suor Angelica, Il Tabarro

Giacchino Rossini:
Il Barbiere Di Siviglia, La Cenerentola

Giuseppe Verdi:
Aida, Un Ballo in Maschera, Don Carlo, Ernani, Falstaff, La Forza del Destino, I Lombardi, Macbeth, Nabucco, Otello, Rigoletto, Simon Boccanegra, La Traviata, Il Trovatore

Para información y disponibilidad, por favor vea
www.operaenespanol.com
Correo: JugumPress@outlook.com
Síganos en Twitter: @jugumpress
Regístrate para nuestras noticias: http://eepurl.com/5m7tj

www.ingramcontent.com/pod-product-compliance
Lightning Source LLC
Chambersburg PA
CBHW081301040426
42452CB00014B/2601